BEI GRIN MACHT SICH IHR WISSEN BEZAHLT

Personalmarketing durch Instagram. New Media Management

Madeleine Hartleff

Bibliografische Information der Deutschen Nationalbibliothek:

Die Deutsche Nationalbibliothek verzeichnet diese Publikation in der
Deutschen Nationalbibliografie; detaillierte bibliografische Daten sind
im Internet über http://dnb.d-nb.de abrufbar.

ISBN: 9783346315267
Dieses Buch ist auch als E-Book erhältlich.

© GRIN Publishing GmbH
Nymphenburger Straße 86
80636 München

Druck und Bindung: Books on Demand GmbH, Norderstedt Germany
Gedruckt auf säurefreiem Papier aus verantwortungsvollen Quellen

Das vorliegende Werk wurde sorgfältig erarbeitet. Dennoch
übernehmen Autoren und Verlag für die Richtigkeit von Angaben,
Hinweisen, Links und Ratschlägen sowie eventuelle Druckfehler keine
Haftung.

Das Buch bei GRIN: https://www.grin.com/document/947200

Einsendeaufgabe

Alternative A

SRH Fernhochschule

Modul: New Media Management

Studiengang: Psychologie (B. Sc.)

von

Madeleine Hartleff

Inhaltsverzeichnis

Abkürzungsverzeichnis

App	Applikation
DM	Direct Message
EXIF	Exchangeable Image File Format
GIF	Graphics Interchange Format
GPS	Global Positioning System
IGTV	Instagram Television
PC	Personal Computer
Q&A	Question and Answer

Abbildungsverzeichnis

Aufgabenstellung

Die Aufgabenstellung wurde aus urheberrechtlichen Gründen durch das Lektorat entfernt.

1 Aufgabe A1 – Neue Funktionen bei Instagram

Instagram gehört zu den sogenannten Social Media Kanälen. Es ist ein Plattform, dass die digitale Kommunikation zwischen Menschen unterstützt und dabei auf Algorithmen zurück greift. (Schrape & Siri, 2019, S. 1053) Weltweit erfreut sich Instagram immer größerer Beliebtheit (Roth, 2018), so nicht nur bei Privatpersonen, sondern auch bei Unternehmen. Aufgrund dieser Tatsache entwickelt das Unternehmen ihre App immer weiter. Seit dem im Juni 2016 die Storys eingefügt wurden, gab und gibt es weiterhin etliche Erneuerungen. Storys, zum Beispiel, sind im Profil nur 24 Stunden sichtbar. Die Nutzer möchten, aber besondere Momente gerne längerfristig für die Follower und sich selbst sichtbar machen. Instagram hat auf diesen Wunsch im Dezember 2017 mit den Story-Highlights reagiert, außerdem wurde noch ein Archiv für Storys eingefügt. (Instagram, 2017a) Seither gab es einige weitere Features, speziell die Storys betreffend, aber auch andere Bereiche des Profils. Einige dieser neuen Funktionen werden auf den folgenden Seiten vorgestellt. Es erfolgt außerdem eine kritische Betrachtung, speziell aus den Augen eines Unternehmens. Die Einzelnen neuen Funktionen werden in verschiedenen Unterkapiteln geclustert, je nach Teilbereich von Instagram, und vorgestellt.

1.1 Neuerungen in der Story

Bei den Storys gab es im Jahr 2018 die meisten Funktionserweiterungen. Laut Instagram waren Marken schon früh Anwender von Storys. Deswegen hat Instagram den Unternehmen einen Gefallen getan und ihnen die Funktion „Einkaufen via Story" ermöglicht. Über Feeds konnten die Kunden bereits seit längerer Zeit auf Shoppingtour gehen, seit Juni 2018 gibt es den Einkaufstaschen-Sticker für die Story. Firmen können in ihrer Story diesen Sticker verwenden und Informationen zu dem Produkt hinterlegen. Wenn durch den Follower auf die Einkaufstasche geklickt wird, erscheint ein Fenster mit Informationen zu dem Produkt. (Instagram, 2018a)

Des Weiteren wurden einige Sticker im Laufe des Jahres 2018 hinzugefügt, die von Unternehmen sehr gerne genutzt werden. Da ist zum Beispiel der Standortsticker. Dieser Standortsticker orientiert sich an den Inhalten der EXIF[1]-Datei eines Fotos. Das heißt,

---

[1] EXIF ist ein Bildformat, dass verschiedene Daten zur Aufnahme eines Fotos speichert, unter anderem die GPS-Koordinaten, wenn dies erlaubt wird (Hußmann, 2019).

wenn ein Unternehmen nach einen Event Fotos in der Story mit Standort teilen möchte, muss es nicht die genaue Position wissen, diese wird durch Instagram und dem Auslesen der EXIF-Datei selbstständig vorgeschlagen. (Instagram, 2018c) Der Emoji-Slider-Sticker ist einer der ersten Umfrage-Sticker bei Instagram. Viele Unternehmen setzen diesen Sticker ein, um die Stimmung zu einen bestimmten Thema bei den Followern abzufragen. Je nach Anlass können für den Regler verschiedene Emoji's angewendet werden. (Instagram, 2018g) Ein weiterer Fragen-Sticker ist der interaktive Fragen-Sticker. Dieser kann genutzt werden, um mit den Followern in ein Gespräche zu kommen. Eine Anwendung wäre ein „Question and Answer"-Spiel. (Im Folgenenden Q&A genannt.) Dem Story-Besitzer können Fragen gestellt werden, die dieser dann wiederum in einer Story beantwortet. Es ist möglich die Frage aus dem Sticker anonym zu posten, so dass die Frage und die Antwort in der Story zu sehen sind. Es gibt aber auch die Möglichkeit eine bestimmte Frage zu stellen und die Follower antworten darauf. (Instagram, 2018h) Zum Beispiel: „Wie gefällt euch das Produkt XY?". Diese Möglichkeit mit den eigenen Followern und potenziellen Kunden in Kontakt zu treten nutzen die Firmen sehr gerne, da es sehr persönlich ist. Ein anderer Fragen-Sticker ist der Abstimmungssticker. Dieser hat nur zwei Antwortmöglichkeiten, die einfachste Form ist „Ja" und „Nein". Auch dieser wird von Unternehmen sehr gerne eingesetzt, um eine direktere Kommunikation zu den Konsumenten herzustellen. Meist wird dieser genutzt, um zu erfragen, ob zum Beispiel ein bestimmtes Thema erörtert werden soll. Mit dem @mention-Sticker können in der Story andere Nutzer verlinkt werden. Die markierten Personen erhalten über die Verlinkung eine Nachricht im Direct[2] und können diesen Post wiederum in ihrer Story teilen. (Instagram, 2018d) Für Unternehmen ist dies sehr interessant, da auch hier eine Word-of-Mouth-Kommunikation stattfinden kann und der Kreis von potenziellen Kunden vergrößert wird. Influencer benutzen diese Funktion zum Beispiel gerne, um auf den Account einer Firma aufmerksam zu machen, wobei es hier bei Business-Accounts die Möglichkeit gibt, es als bezahlte Partnerschaft zu markieren. Aber auch Privatpersonen, die einfach von einem Produkt begeistert sind, verwenden diese Funktion. Ein weiterer interessanter Sticker wurde Ende 2018 eingeführt. Hierbei handelt es sich um Countdowns für Momente. Mit diesem Timer kann die Community an besonderen Ereignissen und der Vorfreude teilhaben. So zum Beispiel an der Einführung eines neuen Produktes. Die Follower können auf den Countdown-Timer klicken und ihn

---

2 Direct wird bei Instagram der Nachrichtendienst genannt, über den persönliche Nachrichten versendet und empfangen werden können.

damit abonnieren und werden immer auf dem Laufenden gehalten, wenn dieser Countdown wieder in der Story veröffentlich wird. Der Countdown kann bis zum Ablauf immer wieder in der Story eingebunden werden. (Instagram, 2018j) Für Unternehmen ist dies ebenso eine spannende Möglichkeit mit ihren Followern in eine Interaktion zu treten. Es gibt in Unternehmen sehr viele Momente an denen die Gemeinschaft gerne teilhaben möchte. Eine Übersicht über einige Sticker findet sich in der nachfolgenden Abbildung.

Standort-Sticker   Emoji-Slider   Countdowns für   interaktiver Fragen-
Abstimmungs-aufkleber   Momente   Sticker

Abbildung 1: verschiedene Sticker in Instagram-Storys

> Quelle: Instagram Storys von guenzburgmeinlandkreis (2018) (Bild 1), (universitaetulm, 2018) (Bild 2) und Hartleff (2019) (Bild 3 und 4)

Eine wichtige Erneuerung für das Posten in der Story ist definitiv der Upload von 10 Fotos oder Videos gleichzeitig. Es können mehrere Fotos oder Videos aus der Galerie des Smartphones ausgewählt werden. Anschließend können diese im Bearbeitungsmodus noch verschönert werden, um sie dann in der ausgewählten Reihenfolge in der Story hochzuladen. (Instagram, 2018c) Vor allem Firmen werden meistens nicht nur ein Foto oder ein 15 Sekunden langes Video hochladen wollen, sondern gleich mehreren Content für die Nutzer. Weshalb diese Funktion für Unternehmen ein echter Zugewinn ist. Hierbei ist noch zu erwähnen, dass bereits seit Anfang 2018 jedes Foto und Video mit seinen Originalmaßen hochgeladen werden kann und nicht mehr zurecht geschnitten werden muss. (Instagram, 2018e)

1.2 Neue Funktionen im Feed

Lange haben sich die Nutzer gefragt, wie kann ich meine Freunde auf einen wichtigen Feed eines anderen Community-Mitglieds aufmerksam machen. Seit Mai 2018 ist dies durch das Teilen von Feeds in der eigenen Story nun möglich. Dazu wird einfach auf den Papierflieger-Button unterhalb des Feeds geklickt und schon erscheint in der Story ein Sticker von dem Feed. Den Sticker kann man durch drehen und zoomen bearbeiten, sowie einen individuellen Text hinzufügen. Der Feed-Ersteller wird namentlich genannt und erhält eine Direct Message (DM), dass ein anderer Nutzer seinen Feed geteilt hat. Um sich den Feed aus einer Story heraus anzusehen, wird ganz einfach nur auf den Sticker des Feeds geklickt und schon öffnet sich dieser. Es muss an dieser Stelle auf eine Einschränkung hingewiesen werden, es können nur Feeds von Nutzern mit einem öffentlichen Profil geteilt werden. (Instagram, 2018i) Wenn Unternehmen einen interessanten Feed haben, kann dieser durch die eignen Follower also sehr leicht weiterverbreitet werden und es entsteht eine Word-of-Mouth-Kommunikation. Die Firma kann nicht nur über die „Herzen" sehen, wie vielen Personen ihr Feed gefällt, sondern auch noch über die Mitteilungen durch die Verbreitung über die Storys von Followern. Für das Unternehmen bringt diese Verbreitung nur Vorteile, da sie nicht direkt werben, sondern durch ihre Kunden bei anderen potenziellen Kunden beworben werden und ihre Reichweite steigern können.

Eine für Unternehmen eher negativ zu betrachtende Funktion wurde durch Instagram kurze Zeit später eingeführt. Dies ist die Mute-Funktion im Feed. Mit der Mute-Funktion können Beiträge im Feed von bestimmten Konten ausgeblendet werden, ohne das der Person entfolgt werden muss. So kann der Nutzer von Instagram seinen eignen Feed individualisieren und bekommt nur noch für ihn wichtige Informationen. (Instagram, 2018f) Für Kampagnen von Firmen ist dies Kontraproduktiv, da sie ihre Follower nicht mehr erreichen und dadurch die Zahl der aktiven Follower nicht direkt erkennbar ist.

1.3 Live Videos

Live Videos sind mittlerweile ein fester Bestandteil bei der Instagram-Community. Wenn Nutzer sich ein Live-Video eines anderen Accounts anschauen, können sie dieses Video zum Beispiel per DM an einen Freund senden, damit dieser ebenfalls Online geht, um das Video zu schauen. Bei privaten Accounts können Live-Videos nur deren eigene Follower sehen (Instagram, 2017b). Ende 2018 hat Instagram für die Live-Übertragungen einen Frage-Sticker eingefügt. Wie funktioniert das Ganze? Wie bereits unter Punkt 1.2 beschrieben, gibt es bei Instagram die Möglichkeit in seiner Story einen Fragen-Sticker zum Beispiel für ein Q&A zu erstellen. Wenn eine Person Live geht, kann sie dann in der Live-Übertragung diese Fragen beantworten. Solange der Fragen-Sticker in der Story aktiv ist, kann auch während der Live-Übertragung noch eine Frage gestellt werden. Dazu geht man in der Story der oder des Übertragenden zurück bis zum Sticker und gibt seine Frage ein. Die Frage wird der oder dem Übertragenden sofort angezeigt und es kann Live darauf reagiert werden. (Instagram, 2018j) Grundsätzlich ist es für ein Unternehmen super, dass es die Möglichkeit der Live-Übertragungen gibt. Live-Übertragungen können bis zu einer Stunde dauern. Wenn die Follower, die Benachrichtigung für Live-Übertragungen nicht ausgeschaltet haben, werden diese auch sofort über die startende Live-Übertragung informiert. Der Kunde erhält das Gefühl, dass sich eine Firma für die Anliegen ihrer Konsumenten interessiert. Auf der anderen Seite kann das Unternehmen sein Image stärken und erhält wichtige Informationen und ein direktes Feedback zu seiner Arbeit. Durch das vorherige Q&A kann die oder der Vertretende des Unternehmens sich gut auf die Live-Übertragung vorbereiten. Dazu kommt noch ein weiterer Vorteil. Meistens können Fragen mündlich besser beantwortet werden, als schriftlich. Der Nachteil von Live-Übertragungen ist, dass diese nur 24 Stunden nach dem Ende der Übertragung sichtbar bleiben und nur für diese Zeit in der Story gespeichert werden. Eine langfristige Speicherung in den Story-Highlights, wäre natürlich mit einer schriftlichen Beantwortung besser möglich.

1.4 Sonstige neue Funktionen

In Sommer 2018 wurde die App IGTV von Instagram vorgeführt. IGTV ist eine Plattform, die nach Aussagen von Instagram, wie der Fernseher funktionieren soll. Sie wird geöffnet und schon läuft das Programm. Neben der eigenen App ist IGTV ebenso über die Instagram-App direkt nutzbar. IGTV ist darauf ausgelegt, dass die oder der Nutzende ihr oder sein Smartphone im Vollbild-Modus und vertikal nutzt, um sich die Videos anzusehen. (Systrom, 2018) Einen eigenen Kanal kann jeder Account-Inhaber erstellen. Eine weiter Besonderheit ist, dass die Videos bis zu einer Stunde dauern können. Hierbei gibt es, wie so oft, eine Einschränkung. Für normale Accounts (nicht verifiziert, kein großes Konto) beträgt die Länge maximal zehn Minuten. (Instagram, 2019a) Der Kanal wird auf dem Profil vor den Highlights angezeigt. Für Unternehmen liegt ein besonderer Reiz in IGTV. Die Konsumenten können einen Einblick in das Unternehmen erhalten. Ein Unternehmen kann zum Beispiel neue Produkte bewerben oder deren Handhabung präsentieren. Es gibt die Möglichkeit Experten-Interviews zu führen und so einen Einblick hinter die Kulissen zu geben. Unternehmen können sich und ihre Marke in ein positives Licht rücken, wenn sie auf das richtige Konzept setzen. Ein gutes Beispiel für die Nutzung von IGTV ist @nike.

Ende November 2018 wurden bei Instagram „alternative Texte" eingefügt. Was soll man darunter verstehen? Laut Instagram gibt es auf der Welt mehr als 285 Millionen Menschen mit einer Sehstörung. Dieser Personengruppe war Instagram bisher verwehrt geblieben. Durch die alternativen Texte können nun Bildschirmleser die Bilder in Feeds, im Explore und dem Profil beschreiben. (Instagram, 2018b) Nicht nur für Menschen mit einer Sehstörung ist dieses Feature wirklich klasse, sondern auch für Unternehmen. Firmen können für sich dadurch eine neue Zielgruppe generieren, die sie bisher wahrscheinlich nur durch reine Hörwerbung, zum Beispiel im Hörfunk, erreicht haben. Hier besteht die Chance von echter Inklusion für Personen mit einer Sehstörung.

1.5 Fazit

Auf dem Instagram-Blog werden immer die neuen Entwicklungen vorgestellt. Für das Jahr 2018 waren dies fast 30 Neuerungen. Insgesamt lässt sich sagen, dass Instagram sich immer wieder neue Features einfallen lässt, um seine Community dazu zu animieren noch kreativer zu werden. Bei allen Features gibt es Vor- und Nachteile. Wenn Unternehmen die Features richtig einsetzen, dann werden für diese die Vorteile durch ein besseres Image und mehr verkaufte Produkte überwiegen.

2 Aufgabe A2 – Der Nutzen von Instagram für Unternehmen

In dem ersten Kapitel wurden einige Neuerungen bei Instagram aus dem vergangen Jahr vorgestellt. Bei der kritischen Betrachtung dieser Funktionen ist die Autorin bereits auf die meist positiven Eigenschaften dieser Funktionen aus Unternehmenssicht eingegangen. In diesem Teil der Arbeit werden einige der Funktionen erneut aufgegriffen. Es wird gezielt darauf eingegangen, wie Unternehmen insbesondere mit dem Storytelling ihre Attraktivität als Arbeitgeber vermarkten können und dadurch in Zeiten des Fachkräftemangels neue Talente für sich gewinnen können.

2.1 Die Relevanz von Instagram für Unternehmen

Instagram hat für Unternehmen, die eine ihrer Zielgruppen bei den 18 – 39-jährigen (zukünftigen) Arbeitnehmern sehen, eine große Relevanz. Laut einer Studie von „We Are Social" und „DataReportal" nutzen weltweit über 500 Millionen Menschen im Alter von 18 bis 34 Jahren Instagram. (Kobilke, 2017, 10; We Are Social & DataReportal, 2019) Die Personengruppe wird in der Literatur gerne als Digital Natives bezeichnet. Viele dieser Personen sind ständig und überall Online, eine Trennung zwischen dem beruflichen und privaten Leben findet nicht mehr direkt statt. (Bärmann, 2012, S. 14-16) Hierin besteht eine große Chance für Unternehmen. Es kann im privaten Umfeld eine Stellenanzeige über die sozialen Medien geteilt werden, aber die Unternehmen können ebenso für sich als attraktiven Arbeitsgeber online werben. (Bärmann, 2012, S. 16)

Es stellt sich die Frage, wie kann ein gutes Personalmarketing bei Instagram funktionieren? Randstad vergibt jährlich ihren Randstad-Adward. Dieser geht auf eine Studie zurück in der das Employer Branding von Unternehmen untersucht wird. (randstad, 2019) Für diese Studie werden zehn Werte betrachtet, unter anderem „Welche Weiterbildungsmöglichkeiten haben die Mitarbeiter?", „Wie ist die Arbeitsplatzsicherheit?", „Wie sehen die Karrierechancen aus?", „Wie ist das Arbeitsklima?", „Was gibt es für Sozialleistungen?" (randstad, 2018, S. 8). Die Frage kann aber auch anders beantwortet werden. Betrachten wir dazu das Wort Marketing genauer. Die Aufgabe des Marketings ist die Bedürfnisse von Stakeholdern zu erkennen und die Aktivitäten des Unternehmens an dieser Zielgruppe auszurichten. Das Personalmarketing möchte den Bewerbern den Arbeitsplatz im Unternehmen verkaufen. (Fenner, 2017, S. 552; Gründerszene, 2019b) Im Prinzip kann der erste Schritt eines

Personalverantwortlichen in einem Unternehmen, die Vorstellung dieses Unternehmens, bereits auf Instagram stattfinden (Fenner, 2017, S. 552). Eine Möglichkeit, wie die Firma sich mit Hilfe von Storys präsentieren kann, wird im folgenden Abschnitt erläutert.

2.2 Personalmarketing mit Storytelling

Unter Punkt 1.1 Neuerungen in der Story hat die Autorin bereits erläutert, was mit den Instagram-Storys alles möglich ist. Nun stellt sich die Frage, wie kann ein Unternehmen dies gewinnbringend für sich einsetzen. Bei Instagram läuft alles über visuelle Reize, das heißt, die Zielgruppe soll über ein Bild oder Video angesprochen werden. (Kreutzer, 2018, S. 110) Mit den Instagram-Storys soll eine Geschichte erzählt werden. Als Unternehmen hat man tagtäglich viele Geschichten, die erzählt werden können. Dabei geht es aber nur nicht darum, dass in den Storys professionelle Inhalte hochgeladen werden. Vielmehr soll es authentisch sein. Es soll Spaß machen, vielleicht auch etwas Provokativ sein, Kreativ und gegebenenfalls eine Überraschung darstellen. (Kreutzer, 2018, S. 110) Kurz gesagt, der Alltag soll inszeniert werden und dabei trotzdem ehrlich sein (Fenner, 2017, S. 549). Und das können Unternehmen genauso gut, wie Privatpersonen. Als Beispiel sei hier der Kanal von @boschkarriere genannt. Hier stellen unter anderem Studenten, die bei Bosch beschäftigt sind, ihre Tätigkeiten vor (Bosch, 2019). Bei @aldisuedde.karriere stellt Julian einen Tag lang seine Ausbildung zum Einzelhändler vor (aldisuedde.karriere, 2018). Das Online-Magazin @editionf_com sucht regelmäßig in ihren Storys nach Bewerbern für offene Stellen. Und ansonsten wird auf der Seite immer wieder gezeigt, dass arbeiten Spaß macht. Aber es werden auch wichtige, zum Teil tagesaktuelle, Themen geteilt. (editionf_com, 2019)

In Kapitel 1 wurde bereits auf Sticker eingegangen und einige vorgestellt. Nur was bringen eigentlich die Sticker? Die Standortsticker können zum Beispiel verwendet werden, um bei großen Konzernen, die an mehreren Standorten tätig sind, zu zeigen, wo die Story gerade stattfindet. Dem potenziellen Bewerber bietet sich die Möglichkeit, die verschiedenen Standort, evtl. auch weltweit, kennenzulernen. Oder das Unternehmen ist auf einer Karrieremesse und postet davon ein Bild in der Story mit einem entsprechenden Hashtag und dem Standort. (Grabs, Bannour & Vogl, 2018, S. 281) Jeder der dem Standort und/oder dem Hashtag folgt, wird so auf das Unternehmen aufmerksam. Vielleicht kommt die Person auch nur deswegen vorbei.

Umfragen in jeder Form zeigen dem Follower eines Unternehmens, dass die Meinung jedes Einzelnen wichtig sein kann. Es entsteht eine Nähe zwischen den Instagrammern. (Buchenau & Fürtbauer, 2015, S. 33) Wenn ein Student sich für ein Unternehmen interessiert, ist es vielleicht einfacher erstmal eine oder mehrere Fragen an andere Studierende, die bereits ein Praktikum in dem Unternehmen absolvieren, zu stellen. Schließlich, was gibt es schlimmeres als festzustellen, dass das Unternehmen oder die Aufgabe nicht zu einen passt? Es kann dadurch ein anderer Eindruck vermittelt werden. Auf der anderen Seite kann ein Unternehmen so auch erfahren, was die Zielgruppe aktuell bei den Themen Bewerbung und Stellenausschreibungen bewegt.

Storys sind meistens keine Hochglanz-Produkte, die professionell erstellt werden. Storys sollen den Eindruck vermitteln, aus dem Moment entstanden zu sein. Wenn ein Unternehmen seine Geschichte professionell darstellen möchte, bietet sich IGTV an. Die Möglichkeiten mit IGTV werden im kommenden Abschnitt vorgestellt.

2.3 Die Kraft von IGTV

Wie bereits unter Kapitel 1.4 Sonstige neue Funktionen auf Seite 11 beschrieben, gibt es die Möglichkeit IGTV zu nutzen. Wenn ein Unternehmen keinen Business-Account bei Instagram besitzt, kann dieses nur Videos mit einer Länge von zehn Minuten teilen. Ansonsten ist eine Video-Länge von einer Stunde möglich. Bei IGTV empfiehlt es sich auf professionelle Videos zu setzen, da dieses Tool ähnlich wie YouTube gesehen werden kann. Es gibt viele Einsatzmöglichkeiten für den Video-Kanal.

Vor allem kleine und mittelständische Unternehmen tun sich immer schwerer junge und gut ausgebildete Mitarbeiter für sich zu gewinnen, weil sie einfach nicht bekannt sind. In ihrer Branche können sie zwar zum Teil zu den sogenannten Hidden Champions zählen, aber es bringt ihnen auf der Bewerberseite nichts, weil sie kein „Glamour"-Produkt vermarkten. (Kanning, 2017, S. 16) Wenn das Unternehmen nun kurzweilige, aber informative Videos über sich und ihre Produkte dreht, kann die Bekanntheit gesteigert werden. In diesen Videos kann die Branche vorgestellt werden, in der die Firma tätig ist. Es können die Produkte und die Dienstleistungen vorgestellt werden. In einen Firmenportrait können die Anfänge des Gewerbes bis heute dargestellt werden. Alles was man früher in einer Printanzeige als Selbstdarstellung genutzt hat, kann jetzt über ein Video spannend und attraktiv vorgestellt werden. Viele junge Menschen interessieren sich auch für die verschieden Standorte eines Unternehmens, auch diese können in einen solchen Firmenportrait gezeigt werden. (Kanning, 2017, S. 69)

Eine andere Möglichkeit sind Experteninterviews. In den Experteninterviews können verschiedene Themenbereiche aus dem Unternehmen vorgestellt werden. Der potenzielle Bewerbende schaut diese Video, weil sie oder er das Thema spannend findet und gleichzeitig lernt sie oder er bereits seine zukünftige Kollegenschaft kennen. Durch diese Form der Präsentation können auch aus einzelnen Abteilungen oder Stellen die Inhalte für einen zukünftigen Arbeitnehmer dargestellt werden, ähnlich wie bei der Beschreibung einer Vakanz. Dies ist natürlich nur möglich, wenn das Unternehmen diese Stelle oder eine sehr ähnliche Stelle in der Firma häufiger hat. (Kanning, 2017, S. 69)

Eine dritte Option ist in Videos die Vorzüge des Unternehmens darzustellen. Diese sind bei klassischen Stellenbeschreibungen meistens unter „Wir bieten Ihnen …" aufgeführt. Hat das Unternehmen zum Beispiel eine eigene Kantine, dann kann diese in einen Portrait-Video vorgestellt werden. Genauso ist es mit der Betriebssportgruppe, oder dem Kindergarten oder sonstigen tollen zusätzlichen Leistungen des Arbeitgebers möglich. Hierbei geht es auch nicht um das Abheben von anderen Unternehmen, sondern einfach nur um das Vorstellen von Möglichkeiten, die zeigen sollen, dass eine Firma das Wohl der Mitarbeiter am Herzen liegt. (Kanning, 2017, S. 70–71)

Als Beispiel soll eine Video von @karriere.steuern.hessen erwähnt werden, was sich sehr gut für IGTV eignen würde. (karriere.steuer.hessen, 2019)

2.4 Fazit

Bei allen Funktionen, die Instagram bietet, darf ein Unternehmen nie vergessen, wer die Zielgruppe ist. Der Content muss nicht neu sein, aber er muss die Zielgruppe ansprechen. Dies ist genauso wichtig, wie Abwechslung. Hier eine Umfrage, da eine Mitnahme zu einem Event, ab und an mal ein Spruch oder ein Gewinnspiel. Ein Unternehmen muss für ein optimales Gleichgewicht sorgen, in der Story wie auch im Feed.

Die Möglichkeiten für Unternehmen mit Instagram auf sich und ihre vakanten Stellen aufmerksam zu machen sind fast unendlich. Wichtig ist nur, dass das Unternehmen die Vorzüge von einen Online-Marketing zur Personalgewinnung sieht. Ein weiterer wichtiger Punkt ist, dass das Unternehmen sich nicht davor scheut interdisziplinäre Teams, zumindest am Anfang, für das Social-Media-Team einzusetzen. Eine

Zusammenarbeit zwischen der Personal- und der Marketingabteilung ist sicher zu empfehlen, damit von vornherein bestimmte Fehler vermieden werden können. Zum Schluss heißt es: Einfach trauen, Instagram und die Follower beißen nicht. Bei guten Content, der dazu noch relevant ist, werden auch mal Fehler verziehen.

3 Aufgabe A3 – Entwicklungsmöglichkeiten bei Instagram

Instagram wurde im Jahr 2010 gegründet und zwei Jahre später von Facebook aufgekauft. Der erste große Schritt von Instagram war in diesem Jahr die Verfügbarkeit als App auf Smartphones mit einem Android-Betriebssystem. (Firsching, 2017, S. 86; Scholz, 2017, S. 8) Seither hat sich bei Instagram, wie bereits in Kapitel 1 Aufgabe A1 – Neue Funktionen bei Instagram gelesen werden konnte, einiges verändert. Aber wie ein altes Sprichwort bereits sagte „Stillstand ist Rückstand", so werden auch an Instagram immer wieder neue Anforderungen gestellt, auf die das Unternehmen schnell reagieren muss, um weiter am Markt bestehen zu können. Auf den folgenden Seiten werden einige Aspekte bei Instagram aufgeführt, die nach der persönlichen Meinung der Autorin ausbaufähig sind.

3.1 Optimierungsbedarf bei Business-Accounts

Auf der Business-Website von Instagram wird mit Zahlen dafür geworben, warum ein Unternehmen unbedingt einen Business-Account bei Instagram benötigt. Danach erscheint eine bebilderte Schritt-für-Schritt Anleitung, wie der eigene Account zu einen Business-Account umgewandelt werden kann. (Instagram, 2019b) In dieser Schritt-für-Schritt Anleitung werden ein paar Dinge, aber nicht deutlich. Einen Business-Account kann bei Instagram nur anlegen, wer auch eine Facebook-Page besitzt. Dazu muss diese Facebook-Page seit mindestens sieben Tagen existieren. Die Person, die den Instagram-Business Account erstellen möchte, muss gleichzeitig auch der Admin, der Facebook-Seite sein. (Wiese, 2019a) Je nach Ausrichtung einer Marketing-Strategie kann es nicht zielführend sein eine zusätzliche Facebook-Seite zu besitzen. Zumal diese Facebook-Seite ebenfalls gepflegt werden muss. An dieser Stelle hat Instagram deutlichen Verbesserungsbedarf. Es stellt sich ganz klar die Frage, was ein Unternehmen davon hat, zwei Seiten betreiben zu müssen, wenn es nur eine benötigt, um ihre Zielgruppe anzusprechen.

Eine für Unternehmen wertvolle Funktion sind die Statistiken, die Instagram anbietet. Nur leider gibt es hier auch deutlichen Optimierungsbedarf. Die Statistiken für Feeds können nur für die letzten sieben Tage angeschaut werden (Schwichtenberg, 2018). Die Statistiken für Storys können immerhin für die letzten 24 Stunden, sieben oder 14 Tage angezeigt werden. Aber die Statistiken für Feed und Story lassen sich nicht exportieren.

Hier ist mühsames Abtippen angesagt, um immer die aktuellen Zahlen vorliegen zu haben. Für eine Firma heißt es, dass von den Statistiken Screenshots erstellt werden müssen, um anschließend die Zahlen in ein Tabellenkalkulations-Programm einzutragen. (Wiese, 2019a) Es ist nicht nur nervig für die Mitarbeitenden, denen diese Aufgabe zugeteilt wird, es kostet das Unternehmen ebenso sehr viel Geld. Für Instagram sollte es nicht so schwer sein, eine Funktion zum Exportieren der Daten in die App zu integrieren. Des Weiteren ist es schade, dass die Statistik vor allem für den Feed nur für die letzten sieben Tage zur Verfügung steht, hier wäre eine Monats- und Quartalsansicht zusätzlich sehr wünschenswert. Das gleiche gilt für die Statistiken der Storys. Ob bereits über die Webversion von Instagram im Profil eine Einsicht in die Statistik möglich ist, konnte die Autorin zum Zeitpunkt der Verfassung der Arbeit nicht herausfinden.

Für Instagram Shopping gilt wieder eine Einschränkung. Diese Funktion kann nur genutzt werden, wenn das Unternehmen über Facebook mit einem Produktkatalog oder einen Facebook-Shop verbunden ist. (Grabs et al., 2018, S. 280; Wiese, 2019a) Hier wäre es erstrebenswert, wenn Instagram mit dem eigenen Online-Shop verknüpft werden kann und nicht wieder zusätzliche Tools über Facebook benötigt werden.

Weiterhin ist es bei Instagram nicht möglich einen oder mehrere Administratoren einzusetzen und ihnen entsprechende Rechte zuzuweisen. Es gibt nur einen Business-Account pro Unternehmen mit einem Benutzernamen und einen Passwort. Instagram hat eine 2-Faktoren-Authentifizierung eingeführt. Für diese Funktion ist der Nutzername bzw. die E-Mail Adresse und das Passwort und in der zweiten Stufe ein Code, der per SMS zugesendet wird, notwendig. Da es aber leider immer noch keine Administrationskonten gibt, muss bei der zweistufigen Authentifizierung auf die sechs Zugangscodes, die Instagram zur Verfügung stellt, falls eine Person mal keine SMS empfangen kann, zurück gegriffen werden. Die 2-Stufen-Authentifizierung soll den Nutzer eigentlich vor einen Hackerangriff schützen. (Wiese, 2018) Dies ist besonders bei Unternehmensprofilen und großen Accounts wichtig. Leider stellt sich hier die Frage, wie der Schutz gewährleistet ist, wenn ein Unternehmen zum Beispiel fünf verschiedenen Personen einen Zugriff zu der Instagram-App geben möchte. Selbst mit der zweistufigen Authentifizierung und der sechs Codes ist ein Fehlverhalten eines Mitarbeiters nicht ausgeschlossen. Es reicht bereits eine kleine Unaufmerksamkeit, damit der Account gehackt werden kann. An dieser Stelle muss Instagram unbedingt nachbessern. Und das auch sehr schnell, da die Anzahl an Cyberangriffen auf Social-Media-Kanäle in der Zukunft nicht weniger werden wird.

3.2 Rechtssicherheit auf Instagram

Sobald ein Unternehmen oder eine private Person, zum Beispiel ein Influencer, auf Instagram ein wirtschaftliches Interesse hat, muss die juristische oder natürliche Person ein Impressum und eine Datenschutzerklärung in ihren Account integrieren. Da Instagram, wie viele andere Social-Media-Kanäle, ihren Hauptsitz in einen Nicht-EU-Mitgliedsstaat hat, in dem es keine Impressumspflicht gibt, ist dies nicht vorgesehen. (Lehmann, 2018) Spätestens nach Inkrafttreten der neuen Datenschutzgrundverordnung in Europa, hätte Instagram mit einen entsprechenden Feld für ihre Business-Kunden handeln müssen. Durch das nicht vorhandene Feld müssen Personen mit einem wirtschaftlichen Interesse auf Instagram jetzt die 150 Zeichen in der Biografie verwenden, um mit Hilfe eines Links auf das Impressum und die Datenschutzverordnung zu verweisen. Hierbei empfiehlt sich eine sogenannte Kurz-URL[3]. (Wiese, 2019a)

3.3 Content-Erstellung für Instagram

Die Betreiber von Instagram haben die Plattform als kurzen Zeitvertreib für Zwischendurch ausgerichtet. Eine Person sitzt im Café und warte noch auf ihre oder seine Freunde, dann schaute sie oder er doch kurz, was bei Instagram los ist, einmal nach unten ziehen und schon sind die neuen Feeds und Storys geladen. Die Fotos und Videos sollen einen möglichst geringen Verbrauch an mobilen Daten erzeugen, so dass eben mal schnell geschaut werden kann, was es Neues gibt. (Grabs et al., 2018, S. 279; Seifert, 2018, Kapitel 2; Absatz 1)

Personen mit wirtschaftlichen Interessen und zunehmend auch private Account-Betreiber möchten ihre Feeds und Storys professionell darstellen. Dazu werden Bildbearbeitungsprogramm auf dem Smartphone, Tablet und dem Laptop oder PC genutzt, wie zum Beispiel Adobe Lightroom. Die alten Filter von Instagram haben zum größten Teil ausgedient bzw. bieten nicht das, was die Community fordert. Bei den meisten Nutzern geht es darum, dass der Inhalt möglichst ein einheitliches Bild darstellt.. (Grabs et al., 2018, S. 281) Da diese Programme zum Teil kostenpflichtig sind, könnte Instagram ihre aktuellen Filter bzw. Bearbeitungstools weiter entwickeln und sich einen neuen Markt unter den privaten Kunden schaffen. Des Weiteren gibt es immer mehr

---

[3] Kurz-URLs können bei URL Shortenern käuflich erworben werden und bieten ein verkürzte URL-Adresse für einen bestimmen Link an.

Programme, die sich „Social Media Manager Tool" nennen. Mit diesen Programmen können die Feeds und Storys vorbereitet werden und teilweise aus diesen herausgepostet werden. Die Programme möchten eine Unterstützung für den Nutzenden darstellen, ihren oder seinen Content entsprechend vorzubereiten. (Grabs et al., 2018, S. 321) Die Erstellung von Content am Smartphone und Tablet ist durch die meist fehlende separate Tastatur aufwendig und führt vermehrt zu Tippfehlern. Ein Programm von Instagram mit dem der Content erstellt und eventuell geplant werden könnte, wäre eine ideale Erweiterung für die Webversion von Instagram.

3.4 Sonstige Verbesserungsvorschläge

Es fällt auf, dass bei Instagram die Storys boomen. Sehr viele erstellen ihren Content lieber mit Hilfe einer Story, als über einen Feed. Bei den Storys ist es teilweise sehr nervig, dass diese nur 15 Sekunden dauern. Vor allem bei reinen Text-Storys muss häufig wieder zurück gewischt werden. Hier wäre es wünschenswert, wenn die Text-Storys 30 Sekunden dauern würden, damit genügend Zeit ist, sich den Inhalt auch tatsächlich durchzulesen.

Wie bereits an anderer Stelle erwähnt werden Live-Videos in der Story nur für 24 Stunden angezeigt. Da bei IGTV die Nutzer nicht mit in die Übertragung integriert werden können, wäre es eine gute Option die Live-Videos entweder in den Highlights dauerhaft anheften zu können oder diese zu IGTV zu übertragen. Es gibt immer wieder User, die gerade keinen Sinn für das Video haben, sie es aber generell interessiert. Für diese Nutzergruppe oder auch zukünftige Interessenten wäre es toll, wenn sich diese das Live-Video später anschauen könnten.

Die Story-Link-Funktion (Swipe-Up) ist eine weitere Funktion, die nur verifizierten Accounts und größeren Profilen (> 10.000 Follower) zur Verfügung steht (Wiese, 2019b). Es gibt aktuell nur den Schleichweg über die eigene Biographie einen Link zu teilen. Dies ist okay, wenn auf die eigene Website verlinkt werden soll oder den eigenen Blog. Wenn es aber um zum Beispiel einen interessanten Artikel auf einen anderen Blog geht, ist es quasi unmöglich diesen mit der Community zu teilen, wenn dieser nicht in der eigenen Biographie geteilt werden soll. Gerade Start-Ups wird das Leben so unnötig schwer gemacht.

YouGov hat im Auftrag von elbdudler Ende des Jahres 2017 ca. 500 Teenager, also die Generation Z[4], zu ihren Onlinenutzungsverhalten, Werbung und ihren Konsumentenverhalten gefragt (elbdudler GmbH, 2018, S. 2–3). 32 % der Befragten gaben an, dass sie die Werbung, wenn möglich wegklicken. Ein anderer Teil, mit 30 %, gab an, dass sie die Werbung nicht stören würde. Nur 23 % der Teenager sagten, dass sie sich die Werbung ansehen, wenn sie die Inhalte interessieren. (elbdudler GmbH, 2018, S. 11) Die persönliche Empfindung der Autorin ist, dass die Werbung auf Instagram stetig zunimmt und meist unrelevant ist. Der Autorin ist bewusst, dass Instagram mit der bezahlten Werbung, die Unternehmen schalten können, eine wichtige Einnahmequelle hat. Trotzdem ist die Werbung, vor allem durch den Ton vielen Menschen zu viel und sie empfinden diese als störend. Die Menschen haben Instagram als eine Plattform zum Teilen von Bildern und Videos mit ihren Freunden kennengelernt, diesen Modell sollte Instagram weiterhin versuchen gerecht zu bleiben, um keinen Mitgliederschwund zu erfahren. Schließlich benutzt hauptsächlich die Generation Y[5] und Z die Plattform. (Grabs et al., 2018, S. 279) Durch einen geringen monatlichen Betrag könnte Instagram sich finanzieren und die App wäre Werbefrei für die Nutzer, die dies gerne möchten. Es könnten zum Beispiel ähnliche Modelle eingeführt werden, wie bei den Musik-Streaming-Diensten „Deezer" und „Spotify".

Als letzten Punkt wird noch auf den Algorithmus von Instagram eingegangen. Die Autorin hat in ihrer Instagram Story gefragt, was Instagram besser machen könnte. Es waren sich alle einige, dass der eingeführte Algorithmus als störend empfunden wird.[6] Es beschäftigen sich viele Blogs und teilweise ganze Kapitel mit dem Thema, wie kann ich mehr Reichweite bei Instagram erreichen. Auf all diesen Seiten kann unterschwellig wahrgenommen werden, dass die Nutzer von Instagram nicht zufrieden sind mit dem Algorithmus. Die Nutzenden möchten gerne wieder, dass die Beiträge im Feed nach der Reihenfolge des Postings angezeigt werden und nicht nach einer Relevanz für den Nutzenden. Den woher meint Instagram zu wissen, was den Einzelnen interessiert oder nicht interessiert. Der Algorithmus ist gut für den Explore, aber unnötig für den Feed. Eine Abschaffung wäre vor allem für kleinere Accounts von Unternehmen, im speziellen für Start-ups, von großem Vorteil.

---

[4] Die Generation Z wurde zwischen den Jahren 1995 und 2010 geboren (Gründerszene, 2019a).
[5] Generation Y wurde in den Jahren zwischen 1980 und 1995 geboren (Gründerszene, 2019c).
[6] Die Autorin hat ca. 200 Follower. Es haben auf diese Frage nur wenige geantwortet, weshalb diese Umfrage nicht als repräsentativ gelten kann.

3.5 Fazit

Es gibt viele Stellen an denen Instagram nachbessern sollte, um auf der einen Seite die Sicherheit von Accounts gewährleisten zu können und auf der anderen Seite Personen mit einem wirtschaftlichen Interesse, aufgrund der Hürden, nicht als Kunden zu verlieren. Wie bei allen Dingen, so auch bei Instagram, wird der Kunde immer Verbesserungspotenzial sehen und dies zu gegebener Zeit einfordern.

Literaturverzeichnis

Aldisuedde.karriere. (2018). *Story-Highlights - Ausbildung.* Zugriff am 02.03.2019.
Verfügbar unter https://www.instagram.com/stories/highlights/17895508093241331/

Bärmann, F. (2012). *Social Media im Personalmanagement. Facebook, Xing, Blogs,
Mobile Recruiting und Co. erfolgreich einsetzen.* (1. Aufl.). Heidelberg: mitp.

Bosch. (2019). *Instagram-Account von boschkarriere.* Zugriff am 02.03.2019.
Verfügbar unter https://www.instagram.com/boschkarriere/

Buchenau, P. & Fürtbauer, D. (2015). *Chefsache Social Media Marketing. Wie
erfolgreiche Unternehmen schon heute den Markt der Zukunft bestimmten* (1. Aufl.).
Wiesbaden: Springer Gabler. doi: 10.1007/978-3-658-07508-8

Editionf_com. (2019). *Story-Highlights - JOBS BEI UNS.* Zugriff am 02.03.2019.
Verfügbar unter https://www.instagram.com/stories/highlights/17854812148319377/

Elbdudler GmbH. (2018). *Jugendstudie 2018.* Hamburg. Zugriff am 02.03.2019.
Verfügbar unter https://jugendstudie.elbdudler.de/

Fenner, H. (2017). Erfolgsfaktoren Social Media Recruiting in Unternehmen. In R.
Dannhäuser (Hrsg.), *Praxishandbuch Social Media Recruiting. Experten Know-How
/ Praxistipps / Rechtshinweise* (3. Aufl., S. 533–564). Wiesbaden: Springer Gabler.

Firsching, J. (2017). Mehr als Cat Content und Selfies: Erfolgreiches Instagram
Marketing für Unternehmen. In H. Scholz (Hrsg.), *Social goes Mobile - Kunden
gezielt erreichen. Mobile Marketing in Sozialen Netzwerken* (2. Aufl., S. 85–103).
Wiesbaden: Springer Gabler.

Grabs, A., Bannour, K.-P. & Vogl, E. (2018). *Follow me! Erfolgreiches Social Media
Marketing mit Facebook, Instagram, Pinterest und Co.* (5. Aufl.). Bonn: Rheinwerk
Computing.

Gründerszene. (2019a). *Generation Z.* Zugriff am 02.03.2019. Verfügbar unter
https://www.gruenderszene.de/lexikon/begriffe/generation-z?interstitial_click

Gründerszene. (2019b). *Marketing.* Zugriff am 02.03.2019. Verfügbar unter
https://www.gruenderszene.de/lexikon/begriffe/marketing?interstitial_click

Gründerszene. (2019c, 25. Februar). *Generation Y.* Zugriff am 02.03.2019. Verfügbar
unter https://www.gruenderszene.de/lexikon/begriffe/generation-y?interstitial_click

Guenzburgmeinlandkreis. (2018). *Story-Highlights - Natur.* Zugriff am 02.03.2019.
Verfügbar unter https://www.instagram.com/stories/highlights/17972067187182727/

Hartleff, M. (2019). *Story zu Einsendeaufgabe New Media Management.* Zugriff am
02.03.2019. Verfügbar unter https://www.instagram.com/lenes_fernstudentenleben/

Hußmann, M. J. (2019). *Was sind EXIF-Daten.* Zugriff am 02.03.2019. Verfügbar unter
http://digicam-experts.de/wissen/2

Instagram. (2017a). *Introducing Stories Highlights and Stories Archive.* Zugriff am
02.03.2019. Verfügbar unter https://instagram-
press.com/blog/2017/12/05/introducing-stories-highlights-and-stories-archive/

Instagram. (2017b). *New! Send a Live Video in Direct.* Zugriff am 02.03.2019.
Verfügbar unter https://instagram-press.com/blog/2017/12/21/new-send-a-live-video-
in-direct/

Instagram. (2018a). *Bringing Shopping to Instagram Stories.* Zugriff am 02.03.2019.
Verfügbar unter https://instagram-press.com/blog/2018/06/12/shopping-in-
instagram-stories/

Instagram. (2018b). *Creating a More Accessible Instagram.* Zugriff am 02.03.2019.
Verfügbar unter https://instagram-press.com/blog/2018/11/28/creating-a-more-
accessible-instagram/

Instagram. (2018c). *Improvements to Stories Uploads.* Zugriff am 02.03.2019.
Verfügbar unter https://instagram-press.com/blog/2018/04/24/improvements-to-
stories-uploads/

Instagram. (2018d). *Introducing @mention Sharing.* Zugriff am 02.03.2019. Verfügbar
unter https://instagram-press.com/blog/2018/06/07/introducing-mention-sharing/

Instagram. (2018e). *Introducing GIF Stickers.* Zugriff am 02.03.2019. Verfügbar unter
https://instagram-press.com/blog/2018/01/23/introducing-gif-stickers/

Instagram. (2018f). *Introducing Mute: A New Way to Personalize Your Feed.* Zugriff
am 02.03.2019. Verfügbar unter https://instagram-
press.com/blog/2018/05/22/introducing-mute/

Instagram. (2018g). *Introducing the Emoji Slider.* Zugriff am 02.03.2019. Verfügbar unter https://instagram-press.com/blog/2018/05/10/introducing-the-emoji-slider/

Instagram. (2018h). *Introducing the Questions Sticker.* Zugriff am 02.03.2019. Verfügbar unter https://instagram-press.com/blog/2018/07/10/introducing-the-questions-sticker/

Instagram. (2018i). *New: Share Feed Posts to Stories.* Zugriff am 02.03.2019. Verfügbar unter https://instagram-press.com/blog/2018/05/17/new-share-feed-posts-to-stories/

Instagram. (2018j). *New Ways to Interact on Instgram.* Zugriff am 02.03.2019. Verfügbar unter https://instagram-press.com/blog/2018/12/18/new-ways-to-interact-on-instagram/

Instagram. (2019a). *IGTV. Hochladen von Videos auf IGTV.* Zugriff am 02.03.2019. Verfügbar unter https://help.instagram.com/381435875695118/?helpref=hc_fnav&bc[0]=3683906265 77968&bc[1]=898918476885209

Instagram. (2019b). *Stich mit Instagram aus der Masse heraus.* Zugriff am 02.03.2019. Verfügbar unter https://business.instagram.com/getting-started?locale=de_DE

Kanning, U. P. (2017). *Personalmarketing, Employer Branding und Mitarbeiterbindung. Forschungsbefunde und Praxistipps aus der Personalpsychologie* (1. Aufl.). Berlin, Heidelberg: Springer. doi: 10.1007/978-3-662-50375-1

Karriere.steuer.hessen. (2019). *Story-Highlight - Deine Chance!* Zugriff am 02.03.2019. Verfügbar unter https://www.instagram.com/stories/highlights/17919481201301933/

Kobilke, K. (2017). *Marketing mit Instagram* (3. Aufl.). Frechen: mitp Verlags GmbH & Co. KG.

Kreutzer, R. T. (2018). *Social-Media-Marketing kompakt. Ausgestalten, Plattformen finden, messen, organisatorisch verankern.* Wiesbaden: Springer Gabler. doi: 10.1007/978-3-658-21147-9

Lehmann, A. (2018). *Instagram. Impressum und Datenschutzerklärung rechtssicher einbinden (Hosting-Service der IT-Recht Kanzlei).* Zugriff am 02.03.2019. Verfügbar unter https://www.it-recht-kanzlei.de/erstellen-impressum-instagram.html

Randstad. (2018). *employer brand research 2018. country report germany.* Zugriff am 02.03.2019. Verfügbar unter https://cdn2.hubspot.net/hubfs/481927/DE_country%20report%202018.pdf

Randstad. (2019). *Get In Touch 2019. das Event zum Randstad Award.* Zugriff am 02.03.2019. Verfügbar unter https://www.randstad.de/workforce360/randstad-award-das-event

Roth, P. (2018). *Offizielle Nutzerzahlen. Instagram in Deutschland und Weltweit.* Zugriff am 02.03.2019. Verfügbar unter https://allfacebook.de/instagram/instagram-nutzer-deutschland

Scholz, H. (2017). Social Networks: Funktionen, Marktstellung, Nutzung. In H. Scholz (Hrsg.), *Social goes Mobile - Kunden gezielt erreichen. Mobile Marketing in Sozialen Netzwerken* (2. Aufl., S. 3–15). Wiesbaden: Springer Gabler.

Schrape, J.-F. & Siri, J. (2019). Facebook und andere soziale Medien. In N. Baur & J. Blasius (Hrsg.), *Handbuch Methoden der empirischen Sozialforschung* (2. Aufl., S. 1053–1064). Wiesbaden: Springer VS.

Schwichtenberg, N. (2018, 17. Januar). *Das bringt der Business Account bei Instagram.* Zugriff am 02.03.2019. Verfügbar unter https://www.lead-digital.de/instagram-tipps-von-nina-schwichtenberg-2/

Seifert, F. (2018). *Instagram Marketing Buch. Die Anfänger Anleitung für Social Media Marketing auf Instagram. Alles über Influencer, Erfolg, Secrets, Werbung, Geld verdienen und Tipps - in nur 6 Monaten 50.000 Follower* (1. Aufl.): Independently published.

Systrom, K. (2018). *Welcome to IGTV.* Zugriff am 02.03.2019. Verfügbar unter https://instagram-press.com/blog/2018/06/20/welcome-to-igtv/

Universitaetulm. (2018). *Story-Highlights - Schwörmontag.* Zugriff am 02.03.2019. Verfügbar unter https://www.instagram.com/stories/highlights/17901528490212078/

We Are Social & DataReportal. (2019). *Anzahl derInstagram-Nutzer nach Altersgruppen und Geschlecht weltweit im Januar 2019 (in Millionen).* Zugriff am 02.03.2019. Verfügbar unter https://de.statista.com/statistik/daten/studie/809703/umfrage/instagram-nutzer-nach-alter-und-geschlecht-weltweit/

Wiese, J. (2018). *Sichert euren Instagram Account. Zweistufie Authentifizierung aktivieren.* Zugriff am 02.03.2019. Verfügbar unter https://allfacebook.de/instagram/instagram-account-zweistufige-authentifizierung

Wiese, J. (2019a, 22. Februar). *Der komplette Rundgang. Instagram Account mit Statistiken.* Zugriff am 02.03.2019. Verfügbar unter https://allfacebook.de/instagram/business-account

Wiese, J. (2019b, 18. Februar). *Links in Instagram: So geht es auch ohne verifizierten Account.* Zugriff am 02.03.2019. Verfügbar unter https://allfacebook.de/instagram/instagram_story_links